el mundo de los deportes

deportes
de invierno

Isidro Sánchez
Carme Peris

BARRON'S

En la estación de esquí
pasaremos un día muy
divertido, esquiando
y jugando en la nieve.

Por suerte, vamos bien
abrigados, porque nada
más llegar y comienza a nevar.
—¡Me gusta tocar la nieve!

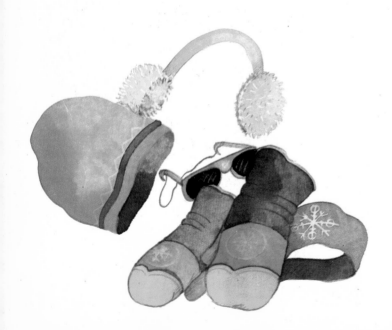

Jugamos con otros niños a
tirarnos bolas de nieve y
hacemos un muñeco, al que
le ponemos una preciosa
bufanda para que no tenga frío.

Patinar en la pista de
hielo es muy divertido
y si te caes…,
¡aún es más divertido!

Luego hacemos una emocionante
carrera de trineos.
—¡Más deprisa, más deprisa!

Subimos a las pistas
de esquí en el telecabina.
¡Se acerca el gran momento!

Siguiendo las instrucciones
del monitor, no es difícil
aprender a coger los
bastones y a situar bien
los esquíes.

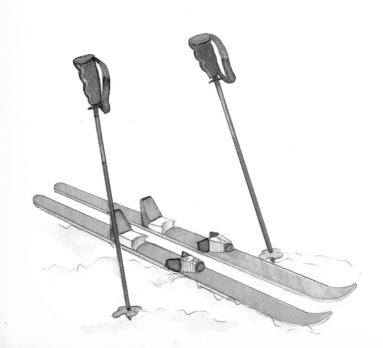

Los esquiadores suben
a pistas más difíciles
en el telesilla.

En las pistas de competición
se celebra un concurso de saltos.
—El esquiador desciende por
el trampolín, explica Mamá, y
salta lo más lejos posible.

En el slalom el esquiador debe saber girar con rapidez para pasar por entre los banderines.

En la prueba de fondo
los esquiadores hacen largos
recorridos por la nieve.

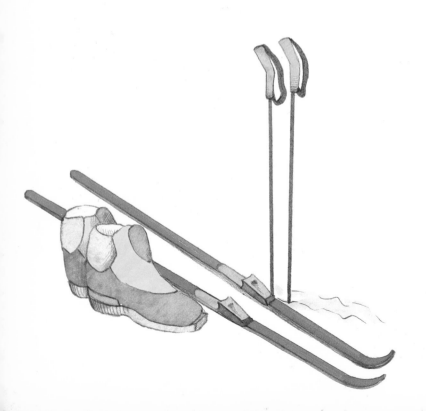

Las motos descienden
a toda velocidad en una
carrera muy emocionante.

Antes de regresar a casa,
Mamá coloca los esquíes en
los portaesquíes y Papá pone
las cadenas en las ruedas
del coche.

EL INVIERNO

El origen del esquí

La palabra esquí procede de un vocablo noruego, que significa trozo de madera y hoy define no sólo los útiles que permiten deslizarse sobre la nieve, sino también el deporte que con ellos se practica.

El invento de este trozo de madera es, sin embargo, muy anterior a su empleo en la práctica deportiva. Históricamente, su uso no ha tenido nada que ver con el deporte, sino con la necesidad de trasladarse sobre la nieve, que en las latitudes más septentrionales era un problema de supervivencia.

Fue en 1843 cuando, en la ciudad noruega de Tromsö, se desarrolló la primera prueba deportiva de esquí con las características actuales. Desde Escandinavia, la práctica del esquí como deporte se extendió a los países alpinos: primero a Suiza y posteriormente a Austria, Alemania, Francia e Italia.

A principios de este siglo, el esquí deportivo se había difundido por casi toda Europa, Estados Unidos, Canadá y Australia y tenía sus propias organizaciones nacionales e internacionales.

En 1924 se organizaron los Juegos Olímpicos de Invierno, de los que el esquí es parte fundamental; desde 1937 se celebran los Campeonatos Mundiales de Esquí.

La técnica y el equipo

El desarrollo de la técnica del esquí moderno ha conocido diversas etapas, encaminadas a lograr mayor dominio de los esquíes por medio de desplazamientos corporales del esquiador y de una alternancia en el apoyo sobre los bastones.

Con la evolución de la técnica, se ha producido el perfeccionamiento de los materiales y de la forma de los esquíes, que presentan características diferentes según la especialidad: los esquíes de fondo son muy curvados en la punta y estrechos (5–6 cm); los esquíes de descenso están fabricados con laminados plásticos y miden entre 7 y 10 cm de anchura; los esquíes de salto miden hasta dos metros y medio de longitud y son los modelos más anchos (unos 12 cm).

El esquí de competición

Las competiciones de esquí comprenden dos especialidades: la nórdica (la más antigua), que incluye pruebas de fondo, relevos, salto, combinada nórdica y biatlón, y la alpina (de creación más reciente), que comprende descenso, slalom especial, slalom gigante y combinada alpina.

El esquí nórdico

Las pruebas de fondo se desarrollan en recorridos de 10 a 50 km, según las categorías, sobre terrenos ondulados con igual número de tramos llanos, en cuesta y en bajada.

Una variante del esquí de fondo son las pruebas de relevos, disputadas entre equipos de tres o cuatro participantes.

En la prueba de salto la longitud del salto se mide desde el final del trampolín hasta el lugar en que el esquiador contacta con la pista de nieve batida.

En la clasificación cuenta, además de la longitud del salto, los estilos en la salida del trampolín y en la ejecución y la conclusión del salto.

La combinada nórdica agrupa una prueba de fondo y otra de salto. El biatlón es una prueba de fondo, durante la cual, desde lugares determinados, se tira al blanco con fusil.

El esquí alpino

Las pruebas de descenso se desarrollan en pendientes con desniveles no superiores a 1.000 m y de 2 a 3 km de longitud, donde los esquiadores pueden superar los 100 km por hora de velocidad media.

En el slalom especial el esquiador debe pasar por una serie de puertas, dos bastones elásticos situados a una distancia de entre 3,20 y 4 m. En la clasificación se suman los tiempos empleados en dos pruebas o mangas distintas con el mismo recorrido pero con distintos trazados.

El slalom gigante reúne las características del descenso y las del slalom especial. Se desarrolla en un recorrido de hasta 2,5 km. Al igual que el slalom especial, se disputa en dos mangas y la suma de los tiempos determina la clasificación.

La combinada alpina consta de una prueba de descenso y un slalom especial o de un slalom gigante (gran combinada).

Las actividades del niño en la nieve

La práctica de deportes y de actividades físicas al aire libre es de especial importancia en la etapa preescolar del niño.

Junto a las posibilidades de desarrollo de la coordinación infantil, estimula otros aspectos del desarrollo del niño, tales como el descubrimiento del medio natural o introducir movimientos distintos a las actividades físicas que realiza en la escuela.

En este sentido, el aprendizaje del esquí reúne elementos educativos que refuerzan el sentimiento de responsabilidad e independencia del niño: conocimiento del equipo, colocación de los esquíes, etc.

Las estaciones de esquí brindan además muchas posibilidades para que el niño realice otras actividades con un elevado componente de juego, como, por ejemplo, patinar en pista de hielo o deslizarse con trineo sobre la nieve.

Para los niños: Leer, preguntar y pensar

1. ¿Qué cosa han usado los niños para hacer la nariz del muñeco de nieve? ¿Necesita el muñeco la bufanda contra el frío? Si el sol saliera y calentara el día, ¿qué podría suceder le al muñeco?

2. ¿Por qué se caen los niños en el hielo? ¿Tú crees que duela el caerse? ¿Por qué se sonríen los niños?

3. ¿Sabes por qué van los niños en la telecabina? ¿No podrían ellos simplemente subir la montaña a pie?

4. ¿Para qué sirven las gafas y los bastones de esquiar que llevan los niños?

5. Los niños miran varias pruebas del esquí. ¿Puedes nombrarlas?